Falando com Deus

Falando com Deus

Lisa Whitfield

2ª impressão

editora Original

Supervisão Editorial
Marcelo Duarte

Assistente Editorial
Daniela Padilha

Projeto Gráfico
Luciana Porto Alegre Steckel

Foto da Capa
Getty Images

Dados Internacionais de Catalogação na Publicação (CIP) (Câmara Brasileira do Livro, SP, Brasil)

Whitfield, Lisa
Falando com Deus -- / de Lisa Whitfield. -- São Paulo: Editora Original, 2003.

1. Crianças — Vida religiosa — Literatura infanto-juvenil 2. Deus — Literatura infanto-juvenil I. Título

03-2592 CDD-028.5

Índices para catálogo sistemático:
1. Crianças e Deus: Literatura infanto-juvenil 028.5
2. Deus e crianças: Literatura infanto-juvenil 028.5

2004

Rua Lisboa, 502 — 05413-000 — São Paulo/SP
Tel.: (11) 3088-8444 Fax: (11) 3063-4998
e-mail: edoriginal@pandabooks.com.br
www.pandabooks.com.br

Peça e lhe será dado; procure e
encontrará; bata na porta e ela lhe
será aberta. Porque aquele que pede
recebe; aquele que procura acha;
àquele que bate a porta se abre.

Lucas 11,9

Quando eu era pequeno, fiquei
sabendo que Você existia.

Aliás, dizem que quando criança
somos os Seus anjos.

Teve gente que queria fazer eu pensar que Você era muito bravo: "Não faz assim que Papai do céu não gosta!"

Mas logo descobri que Você gostava de mim,
mesmo quando eu fazia arte.

Aliás, Você também fez muita arte. Quanta imaginação para criar um mundo tão maravilhoso, ehn?

Tínhamos comunicação
direta, lembra?

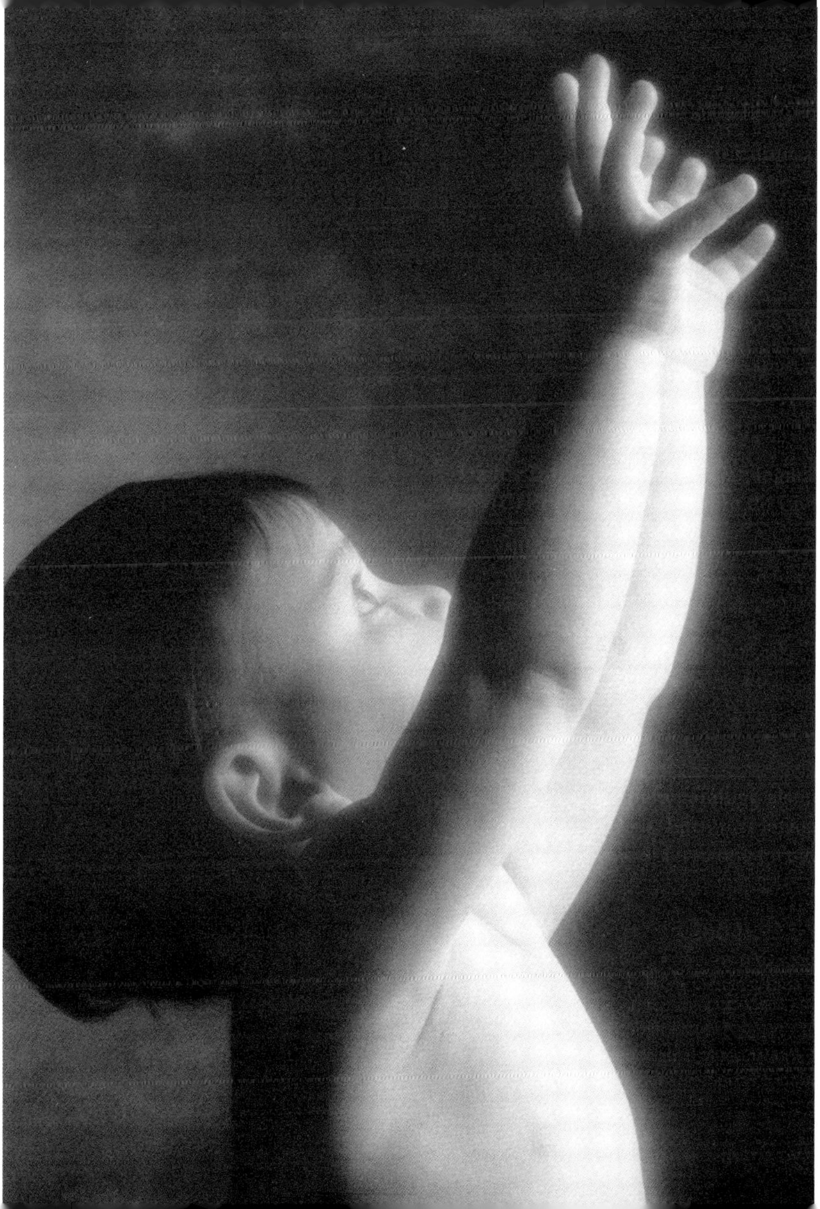

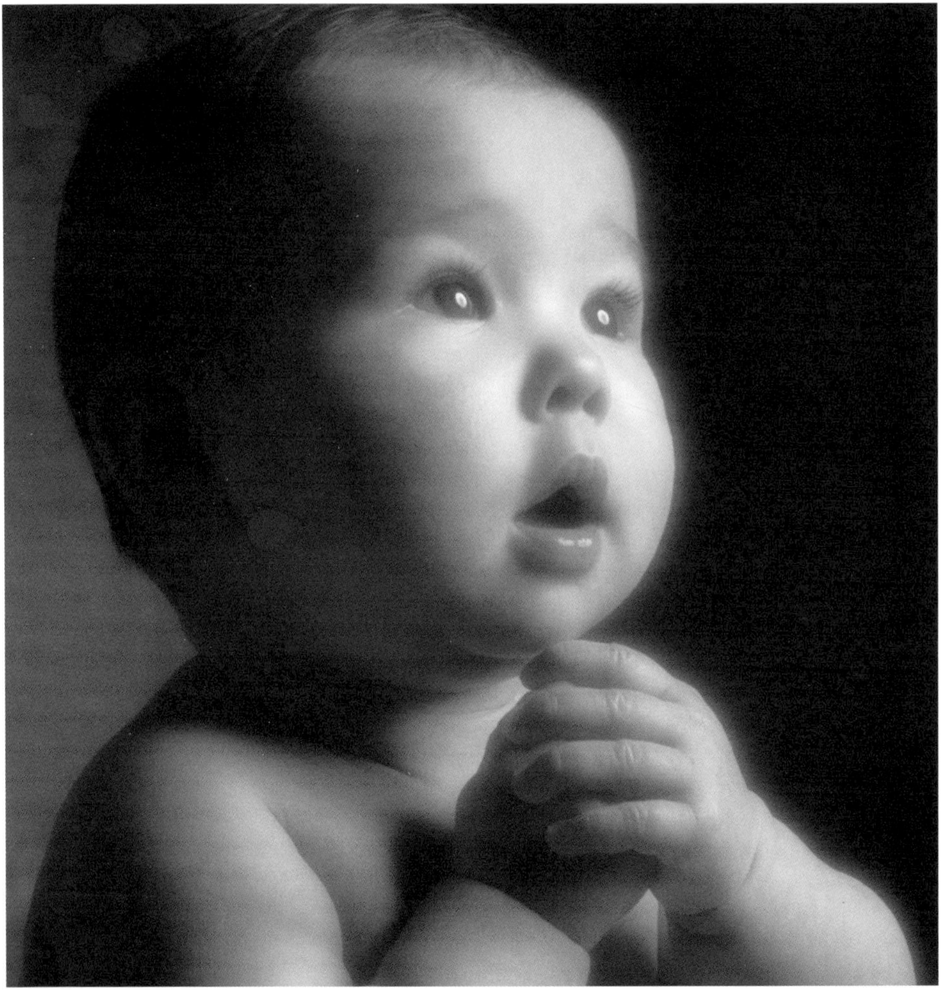

Sempre que eu pedia alguma coisa,
logo Você respondia:

Às vezes a resposta era “sim”.

Às vezes a resposta era "não".

Às vezes a resposta era “agora não”.

Eu é que não tinha paciência de esperar!

A gente cresce. E tem uma época que
pensamos não precisar mais de Você.

Mas a vida dá tantas voltas... E logo sentimos a Sua falta.

Então, saímos à sua procura.

E nada de Você aparecer!

Confesso que cheguei até a duvidar da Sua existência.

Quando estava com a cabeça cheia...

Enfrentando um monte de problemas.

Mas, de repente, tudo se resolveu...

E percebi que Você nunca tinha me abandonado, que sempre esteve comigo.

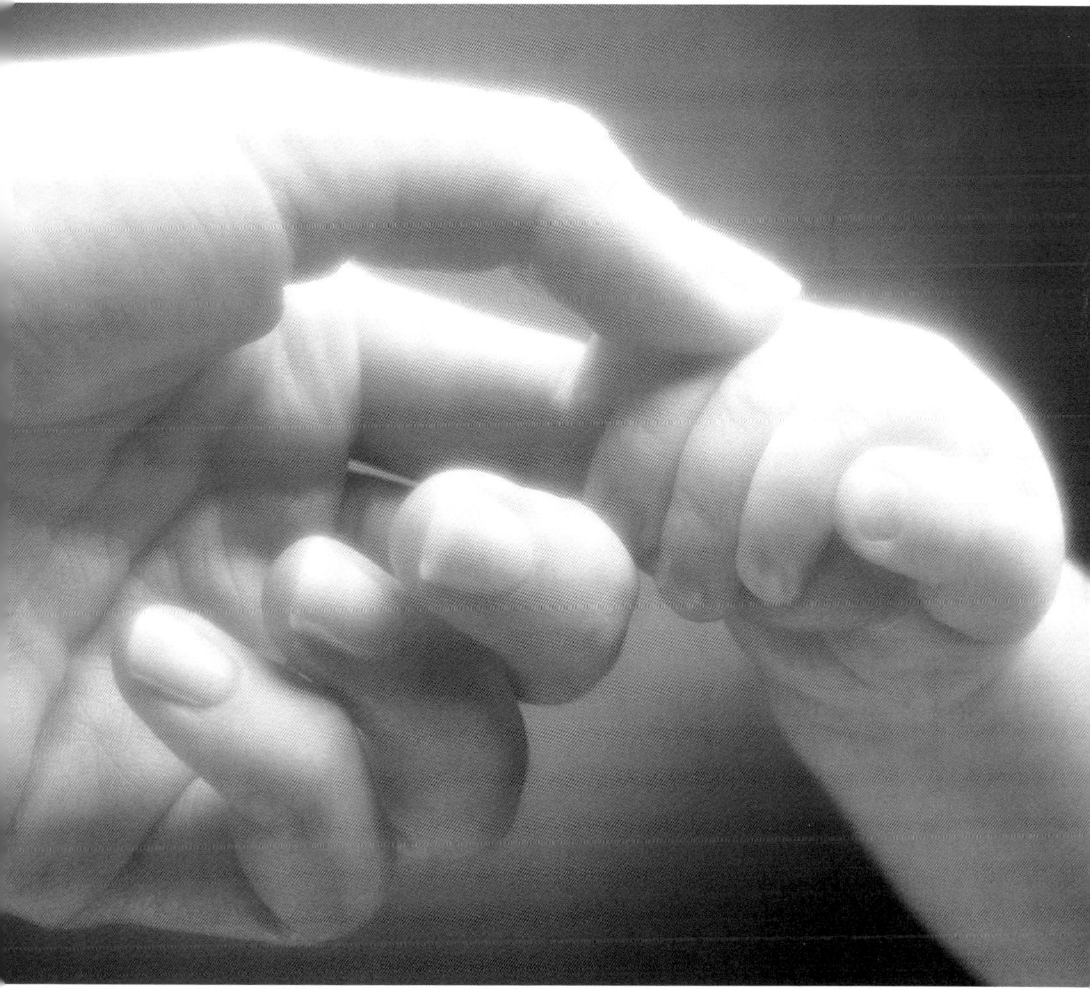

Me ajudando a subir cada degrau da vida.

Eu é que não conseguia ver os Seus sinais!
E eles estão em toda parte...

Na manhã que nasce calma.

Num abraço amigo.

No sorriso de uma criança.

No nascimento de uma vida.

Na vontade de fazer uma coisa boa por alguém.

Em cada descoberta.

Até nos jogos de futebol! Queremos sempre que Você dê uma força ao nosso time!

É tão bom saber que Você existe!

Temos tanta coisa para conversar...

Pedir a sua benção nos momentos importantes da vida.

Agradecer por iluminar o meu caminho.

Hoje, tenho certeza que Você esteve
e está sempre comigo.

E que tudo fica mais simples, quando nos colocamos nas mãos de Deus.

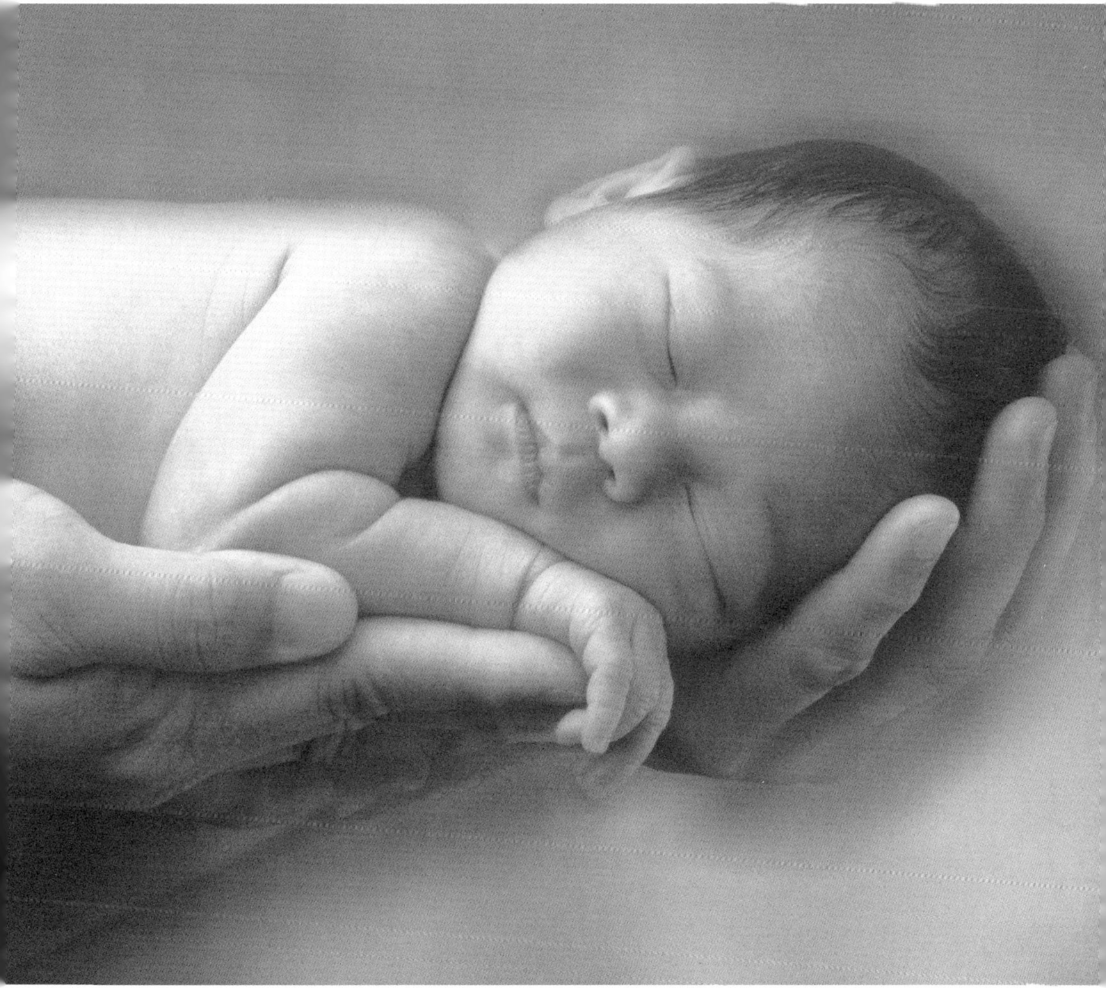

CRÉDITO DAS IMAGENS

Keystone
páginas 7, 10, 16, 17, 18, 19, 20, 25, 33, 37, 39, 41, 42, 47.

Getty Images
páginas 10, 22, 26, 27, 30, 34, 36, 38, 40, 43, 45.

AGB Photos
páginas 9, 11, 13, 15, 21, 23, 24, 29, 31, 44.

RR DONNELLEY
IMPRESSÃO E ACABAMENTO
Unidade Livros
Av Tucunaré 299 - Tamboré
Cep. 06460.020 - Barueri - SP - Brasil
Tel.: (55-11) 4166 3500 (55-21) 2286 8644
Fax: (55-11) 4166 3701 (55-21) 2286 8844